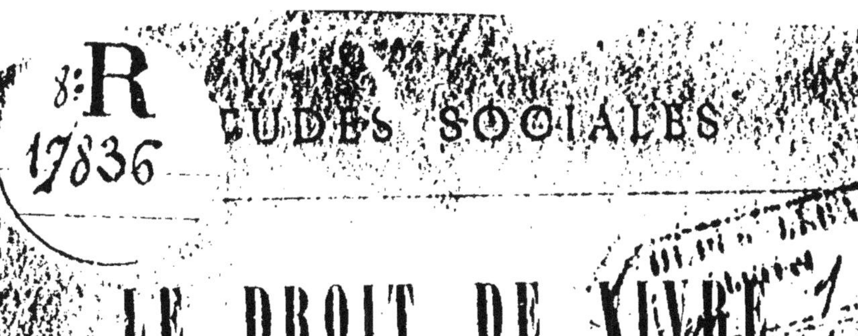

LE DROIT DE VIVRE

ET SES

CONSÉQUENCES RATIONNELLES

PAR

F. DUGAST

Ancien professeur de philosophie

Prix : **1** franc

PARIS

V. GIARD & E. BRIÈRE

LIBRAIRES-ÉDITEURS

16, Rue Soufflot, 16

1902

LE DROIT DE VIVRE

ET SES

CONSÉQUENCES RATIONNELLES

LE DROIT DE VIVRE

ET SES

CONSÉQUENCES RATIONNELLES

PAR

F. DUGAST

Ancien professeur de philosophie

Prix : **1** franc

PARIS

V. GIARD & E. BRIÈRE

LIBRAIRES-ÉDITEURS

16, Rue Soufflot, 16

1902

LE DROIT DE VIVRE

ET SES

CONSÉQUENCES RATIONNELLES

AVANT-PROPOS

L'auteur de cette étude a publié trois autres petits volumes : les *Lois sociales devant le droit naturel*, la *Justice sociale*, le *Patriotisme et les iniquités sociales*. Il y a dit sa pensée sans se préoccuper de plaire ou de déplaire aux partis, aux sectes ou aux hommes ; il la dira encore avec une entière indépendance dans le *Droit de vivre et ses conséquences rationnelles*, et dans les études qui suivront.

Mettant l'organisation et la conduite de la société contemporaine en regard du Droit éternel, dont la nature a inscrit les principes dans la raison humaine, il a essayé de faire ressortir ce qu'il y a d'injuste et de criminel dans notre régime social, que la Révolution avait prétendu réformer en s'appuyant précisément sur les *Droits de l'homme*.

Il est avec les socialistes et les réformateurs pour revendiquer et conquérir, même par la force, s'il est nécessaire, l'affranchissement du travail à l'égard du capitalisme, qui l'exploite par toutes les formes de l'usure et qui le tient en servage. Mais il ne croit pas qu'il faille compter actuellement pour cela sur la vertu du *Collectivisme*, système idéal de fraternité qui est absolument incompatible avec les conditions présentes de la moralité et de la mentalité humaines.

L'état moral et mental de la société étant ce qu'il est, *socialiser* la terre et les autres sources de production, pour en confier la répartition et l'administration à des hommes ou à des partis comme ceux que nous voyons se disputer l'exploitation du pouvoir et des places, par l'intrigue, le mensonge, la fourberie, la corruption, la bassesse, et quelquefois la force et la violence, ce serait sans doute le plus abominable régime qu'on pût imposer à la société pour y entretenir le désordre, la haine et l'iniquité.

L'auteur de cette étude est profondément croyant : il ne peut admettre que la nature ait commis cette monstruosité, de donner à l'homme la pensée, la volonté, l'amour et la conscience de pouvoir faire le bien ou le mal, pour qu'il n'ait d'autre destinée que de traîner son existence éphémère à travers les vicissitudes du plaisir et de la douleur. Il est avec ceux qui s'efforcent de conserver les croyances supérieures ; et il pense que les traditions de l'idéalisme chrétien sont encore, de toutes les croyances, celles qui portent, dans leurs principes originels, le plus puissant ferment de progrès moral et de progrès social.

LE DROIT DE VIVRE

En recevant la loi de vivre, l'homme a reçu aussi le droit de jouir des conditions de l'existence, parce que la nature a déposé en lui des facultés par lesquelles il sera capable d'être utile et d'accroître indéfiniment sa valeur, en accomplissant le bien que sa raison lui commande. Le droit, c'est le libre usage de ce que la nature a mis à la disposition de l'homme pour réaliser sa destinée, c'est-à-dire, pour accomplir la loi qui est inhérente à sa nature morale. Or, nulle société n'est autorisée à détruire ou à comprimer les droits que la nature a donnés aux hommes pour réaliser leur mission terrestre. Avant la formation des sociétés, tous les droits existaient déjà, avec les principes éternels de la raison, dans cette Loi immuable qu'Antigone rappelait à Créon, et dont Cicéron a dit « qu'elle est de tous les siècles, qu'elle est née, avant qu'aucune loi humaine n'ait été écrite et qu'aucune cité n'ait été établie. » Le pacte social n'a pas d'autre fondement rationnel que d'en garantir et d'en faciliter la jouissance. Les droits d'un homme ne peuvent être limités arbitrairement ; ils n'ont qu'une restriction naturelle : c'est la participation égale de tous aux droits de l'humanité.

L'enfant qui reçoit la vie, a droit à ce que cette vie lui soit conservée, parce qu'il a une destinée morale à remplir. Dans l'état de nature, c'est au père et à la mère qu'a été confiée l'obligation de rendre possibles pour leurs enfants les conditions de l'existence ; et cette tâche leur a été allégée par l'amour qu'ils éprouvent instinctivement pour eux. Cette obligation persiste dans l'état social, mais elle est partagée par la communauté tout entière ; car le pacte social établit entre tous les citoyens des devoirs de solidarité, en vertu desquels chacun est tenu de venir en aide à ses semblables ou proportion des secours qu'il en a reçus ou qu'il a le droit d'en attendre. La société pourra demander un jour à cet enfant, s'il devient un homme, jusqu'au sacrifice de sa vie pour défendre des biens dont il n'a peut-être aucune part. A quel titre vous arrogerez-vous des droits sur cette vie, si vous n'avez rien fait pour contribuer à sa conservation ? Tout enfant est, d'ailleurs, l'héritier d'une longue suite de générations qui ont apporté leur concours à la création, à l'accroissement et à la conservation du bien-être commun ; car ce ne sont pas seulement les ancêtres des privilégiés actuels qui ont fait naître les avantages sociaux dont ceux ci ont accaparé la jouissance. Ce n'est pas une aumône, c'est un acte de justice que la société accomplit en subvenant aux besoins de l'enfant déshérité, qui n'a rendu encore aucun service. La part des biens produits par l'activité individuelle de celui qui les possède, est en réalité très minime, relativement à celle qui lui a été préparée par le milieu social et par l'activité de tous ; de même que, dans les maux qui font souffrir les hommes, ceux qu'ils se sont attirés personnellement par leurs propres fautes, sont infiniment moins considérables que ceux dont le désordre et les iniquités de l'organisation sociale ont été la véritable origine.

La société a le devoir de tenir les conditions de l'existence à la portée de tous les enfants qui naissent dans son sein ; mais lorsque ces enfants, devenus des hommes, ont rempli envers la communauté les devoirs de solidarité que leur imposent la loi humaine et la conscience, la société a contracté une nouvelle dette envers eux. Se pourrait-il qu'un homme qui a mis ses forces au service de sa patrie et qui a exposé sa vie pour défendre son territoire, n'ait acquis aucun droit de participation dans les biens naturels et dans les intérêts sociaux qu'il a protégés de son dévouement ? Faudra-t-il qu'il attende, de la bonne volonté ou de l'intérêt des autres, qu'ils veuillent bien lui permettre de gagner sa vie par son travail, en exerçant son industrie sur la terre ou sur les autres sources naturelles de production qu'ils se sont appropriés ? — Eh bien, oui ! c'est ainsi que le veut ce qu'on appelle scandaleusement l'ordre social. Et, si ce défenseur des intérêts sociaux meurt de privations pour n'avoir pas trouvé à occuper ses bras, personne n'aura à répondre de sa mort devant la justice humaine !

Les crimes sociaux ne reçoivent leur châtiment

terrestre que de la justice immanente, lorsque la mesure a été comblée par l'égoïsme des privilégiés et la détresse de ceux qu'ils oppriment. C'est alors que surviennent les catastrophes révolutionnaires et les guerres civiles avec leurs ruisseaux de sang ; ou bien, c'est la ruine finale d'un peuple que la division a rendu impuissant à se défendre contre l'invasion étrangère. Ce sont généralement alors les fils qui expient les crimes de leurs pères, suivant cette épouvantable et incompréhensible loi de réversibilité, que tous les âges ont constatée sans pouvoir la comprendre, mais dont les hommes repoussent la pensée pour n'être pas gênés dans leurs jouissances : car notre égoïsme va jusqu'à se désintéresser des malheurs que nos fautes attireront sur notre postérité !

« Comment ! disait Necker, vous pouvez forcer cet homme à éteindre l'incendie qui dévore votre demeure, vous pouvez l'envoyer mourir sur un champ de bataille pour protéger votre propriété, et vous ne vous inquiéterez pas de lui conserver cette vie qui vous est nécessaire ! » Non seulement vous le forcez à risquer sa vie pour vous, mais vous contraignez les plus déshérités à payer l'impôt sur leur misérable nourriture pour le maintien d'une organisation sociale qui, au lieu de leur rendre des services, les a dépouillés de leur part des bienfaits de la nature et les tient irrésistiblement asservis. Les Grecs et les Romains, chez qui l'ordre naturel n'avait pas été altéré par une aussi longue tradition de l'iniquité, ni par une éducation sophistique cultivée au profit des forts contre les faibles, n'imposaient pas le service militaire à ceux qui n'avaient aucun intérêt à défendre dans l'État ; et la constitution donnée aux Athéniens par Solon exemptait en même temps de l'impôt les citoyens qui ne vivaient que de leur travail. Ce n'est pas la bourgeoisie moderne qui a inventé la justice sociale : chez nous, ce sont précisément les pauvres qui portent gratuitement le poids de la défense nationale, et ils paient, proportionnellement à leurs dépenses, plus d'impôt que les riches ; encore ceux-ci trouvent-ils le moyen de prélever sur le travail des indigents la part de contribution qu'ils fournissent.

De notre temps, lorsque la richesse s'est multipliée d'une façon prodigieuse, les difficultés de la vie ont augmenté dans la même proportion ; l'extension du paupérisme a suivi les progrès de la science et de l'industrie ; et la condition sociale de la multitude est inférieure en sécurité à ce qu'elle était sous le régime qui a été renversé par la Révolution. En même temps, le cœur humain est devenu insouciant de la vie et de la mort des autres, par la propagation des théories qui limitent la destinée des hommes aux vicissitudes de l'existence actuelle, et qui, soumettant toutes les réalités à l'unique loi de la force, n'ont laissé pour sanction aux actions humaines que le succès ou le revers.

Qui a jamais réussi à expliquer les phénomènes de la vie morale par les seules lois de la matière qui nous sont connues ? La connaissance humaine est dominée par ce principe, universellement admis, que toute science est relative. Nous ne connaissons que des relations de faits dont nous déduisons des lois qui sont relatives à ces relations elles-mêmes ; l'essence de toute chose est hors de notre portée. Sur quelles bases peut-on s'appuyer alors pour affirmer que, dans la transformation des êtres, la personne morale est à jamais anéantie ! La science positiviste admet les principes de la raison dans tous les domaines de la connaissance, et elle les croit indiscutables ; de quel droit repousse-t-elle leur autorité dans les choses morales? Le principe de justice est aussi inséparable de la raison humaine que tous les principes des sciences auxquels nous donnons les noms d'axiomes ou de lois nécessaires. La raison nous affirme que tout être moral doit être traité selon sa valeur, c'est-à-dire, selon son mérite, avec autant de persistance qu'elle en met à nous affirmer les vérités mathématiques. Si la justice est une loi rationnelle des êtres moraux, il faut qu'elle ait sa réalisation définitive quelque part ; et il est même très rationnel que nous n'ayons reçu aucun éclaircissement positif de ce mystère, parce que la liberté serait incompatible avec la connaissance mathématiquement démontrée du résultat définitif de nos actes.

Si l'homme a une destinée morale dont les conséquences se poursuivent au delà de la vie présente, c'est pendant son existence terrestre qu'il peut en poser les bases par l'accomplissement du bien. Personne n'a le droit de troubler, de briser ou de compromettre les conditions naturelles de l'existence ultra-vitale de son semblable ; personne n'a le droit de limiter la durée du temps qui lui est accordé par la nature pour acquérir ici-bas de la valeur morale ; personne n'a le droit de comprimer son activité quand elle s'exerce pour l'accomplissement des devoirs que prescrit la conscience. Pour remplir sa mission, chacun doit avoir sa part des biens naturels qui sont indispensables au maintien de la vie. Et il y a aussi des biens sociaux, communs et indivis, que personne ne peut avoir la prétention d'accaparer pour lui seul: l'éducation morale, l'instruction, le progrès de l'industrie et des arts doivent être mis à la portée de tous, pour que les uns ne soient pas mieux armés que les autres dans cette mêlée universelle qu'on appelle la lutte pour la vie.

De par la nature, tous les hommes sont égaux devant le droit; et, avant l'organisation sociale, celui dont l'existence ou la liberté étaient menacées par l'oppression des autres, pouvait mettre en œuvre sans restriction toutes ses ressources pour défendre sa vie ou maintenir ses droits. Si les sources de production des choses indispensables à l'existence avaient été accaparées par les uns aux dépens des autres, il n'y a aucun doute que ceux-ci se fussent crus autorisés à revendiquer par la force leur part des biens mis à la disposition de l'homme par la nature. Dans l'état social, des privilégiés se sont approprié les biens naturels et les sources de production, puis ils ont fait des lois pour mettre la force commune au service des privilèges par lesquels ils peuvent priver les autres de la jouissance de leur droit à la vie.

Quelle est la valeur de ces lois devant le droit naturel ?

L'état de société a rendu la vie très facile à quelques-uns ; mais elle est toujours pénible pour la multitude qui est asservie aux intérêts de ces privilégiés, et les conditions en sont impossibles pour un grand nombre. Chose attristante pour ce qu'on nomme la civilisation ! plus le bien-être des uns augmente, plus le pauvre rencontre d'obstacles pour se procurer la satisfaction de ses besoins essentiels. La Révolution française a proclamé l'inviolabilité de tous les droits, et presque toutes les lois de la société moderne ont été établies pour fonder ou maintenir des privilèges. Le peu de liberté qu'elles ont laissé aux déshérités est anéantie d'ailleurs par l'irrésistible oppression de la richesse sur la pauvreté, qui ne trouve aucune protection dans la justice sociale, parce que la justice sociale est sous le contrôle des privilégiés.

Dans notre société qui s'est reconstituée sur la Déclaration des Droits de l'homme, c'est encore la loi de la force qui prévaut dans les relations humaines ; et maintenant, comme dans les temps barbares, les plus forts prononcent le *væ victis* sur les plus faibles : ils le prononcent moins haut peut-être, mais ils en font sentir les effets avec une inflexible cruauté. Si autrefois la guerre faisait des esclaves par milliers, aujourd'hui la lutte pour la vie et pour le plaisir asservit les hommes en innombrables multitudes, et elle les fait périr en bien plus grand nombre que la guerre.

LE DROIT DE POUVOIR TRAVAILLER POUR VIVRE

Si la société n'avait pas été abandonnée aux hasards de la lutte des intérêts, tout homme, en y faisant son entrée, y trouverait sa place, comme l'enfant qui naît dans la famille, a la sienne au foyer domestique, au même titre que ses aînés. Dans la famille, chacun s'efforce de préparer les meilleures conditions de la vie à ceux qui doivent venir pour la perpétuer; dans la vie sociale, au contraire, chacun tâche de s'approprier le patrimoine commun, institué par la nature pour fournir à la subsistance de tous, et d'où se tire par le travail ce qui est indispensable aux besoins essentiels de l'homme. Tandis que les pères de famille règlent avec une affectueuse justice la condition de leurs enfants, les chefs de la société s'entendent avec les forts pour dépouiller les faibles et créer des privilèges ; de sorte que les conditions naturelles de la destinée ne sont plus réalisables pour la multitude, qui entre dans la dépendance en entrant dans la société.

Les privilégiés, qui ont accaparé la terre et les sources de production, peuvent, autant qu'il leur plaît ou qu'il importe à la satisfaction de leur égoïsme, priver les déshérités de la possibilité de vivre, ou leur concéder l'existence à des conditions qui déshonorent l'humanité. Quand le fils du prolétaire est sorti de l'enfance, il doit chercher sa subsistance dans le travail, mais il ne dépend pas de lui de travailler : il faut qu'il y soit autorisé par ceux qui possèdent la matière du travail. « La nécessité de vivre, dit Lamennais, rend le prolétaire dépendant du capitaliste, le lui soumet irrésistiblement, car dans la bourse de celui-ci est la vie de celui-là. Que cette bourse se ferme, que le salaire vienne à manquer à l'ouvrier, il faudra qu'il meure, à moins de mendier, autre servitude plus humiliante et plus dure ; et, en outre, la loi punit la mendicité comme un délit. Imagine-t-on une dépendance comparable à celle-là, comparable à une dépendance fondée sur le droit absolu de vie et de mort ? »

Le travail s'est enrichi de l'expérience et des progrès réalisés par toutes les générations qui nous ont précédés ; il s'est perfectionné par les applications de la science : c'est là aussi un patrimoine social qui appartient à tous, et dont chacun a d'autant plus le droit de prendre sa part qu'il est inépuisable. Mais, pour en jouir, il faut pouvoir payer son éducation scientifique et professionnelle, et cet avantage est encore le privilège des riches, qui, déjà mieux pourvus que les autres, se trouvent encore mieux armés pour la concurrence du travail. Dans un but politique, on a fait de nos jours des frais énormes pour apprendre aux enfants la lecture, l'écriture, un peu de calcul et les éléments des lettres nécessaires pour lire les journaux, les romans et autres publications plus ou moins dissolvantes. La progression redoutable du paupérisme et de la misère ne s'en est pas ralentie un instant ; mais la criminalité, le vice, la prostitution et le suicide ont pris un nouvel essor.

Dans la Convention, il y avait des réformateurs intrépides qui rêvaient de relever la condition des pauvres. Barrère se fit leur interprète dans l'éloquent discours qu'il prononça sur *l'abolition de la misère*. « La mendicité, disait-il, est incompatible avec le gouvernement populaire... Il faut faire disparaître du sol de la République la servitude des premiers besoins, l'esclavage de la misère, et cette trop hideuse inégalité parmi les hommes qui fait que l'un a toute l'intempérance de la fortune, et l'autre toutes les angoisses du besoin. C'est à la Convention à réparer les injustices des lois monarchiques, à effacer le nom de *pauvre* des Annales de la République, à bannir la mendicité par la bienfaisance, et à rappeler fortement tous les citoyens aux devoirs de l'humanité et aux devoirs du travail... Dans une République qui s'organise, tout doit tendre à élever le citoyen au-dessus du premier besoin : par le travail s'il est valide, par l'éducation s'il est enfant, par des secours s'il est invalide ou dans la vieillesse... N'oublions pas que le citoyen d'une République ne peut faire un pas sans marcher sur son territoire, sur *sa propriété*. »

Après ces généreuses paroles, la Convention décréta avec enthousiasme l'*abolition de la misère*.

Mais l'oligarchie bourgeoise, restée seule maîtresse des destinées de la République après le 9 Thermidor, avait trop d'intérêt à perpétuer l'exploitation du peuple pour réaliser les conditions qui auraient diminué la misère et l'inégalité. Elle se contenta d'interdire la mendicité importune et le vagabondage, qui sont de cruels malheurs et non des délits. Pour donner à son égoïsme une apparence de philanthropie, elle créa des *dépôts de mendicité*, sous le prétexte hypocrite de rendre les malheureux, enfermés dans ces bagnes, habiles à gagner leur vie par le travail, et de les mettre à même de s'y créer des ressources pour le jour où ils seront mis en liberté (Décret du 22 décembre 1806). Seulement, les gens que l'on enferme dans ces dépôts, arrivent difficilement à gagner trois francs par mois; et, quand ils sortent de là, ils ont leur casier judiciaire chargé d'une condamnation qui ferme devant eux la porte des ateliers; ils se demandent alors s'il ne feraient pas mieux de voler adroitement, que de se faire arrêter en tendant la main pour un malheureux morceau de pain qui leur est souvent refusé.

Il y a dans le monde d'innombrables infortunés qui, ayant jeûné la veille, se lèvent le matin en se demandant avec angoisse si le hasard leur permettra de trouver dans la journée l'occasion de gagner la nourriture qui les empêchera de tomber d'inanition avant le soir; il y a de pauvres enfants à qui le père et la mère ne peuvent fournir par le travail le morceau de pain qu'ils demandent avec des larmes pour calmer les tortures de la faim qui les dévore : il y a, dans notre société civilisée et démocratique, des hommes et des femmes qui souffrent tellement des privations que l'instinct de la conservation est vaincu chez eux par la douleur, et qu'ils demandent au suicide de mettre un terme à leur détresse. Et il y a, à côté d'eux, des hommes qui, n'ayant jamais rien fait d'utile, nagent dans l'abondance et le superflu, consomment, dans un festin ou dans une orgie, plus qu'un bon ouvrier ne pourrait gagner par le travail de sa vie tout entière ; il y a, à notre époque, comme au temps de la décadence romaine, des femmes vaines et orgueilleuses, qui portent, dans un petit fil autour de leur col, de vastes patrimoines, comme disait Tertullien : *Saltus et insulas tenera cervice circumfert.* Elles ont bien vite oublié qu'il y a cent ans la guillotine en a tranché, de ces têtes délicates, plus nobles et moins coupables que les insolentes parvenues de notre temps, qui doivent leur opulence à l'exploitation du travail

des pauvres, à la spéculation ou à l'usure crimi-
nelle et déshonorante.

La Révolution française a été, sans doute, le
plus grand effort de l'humanité pour s'affranchir
de toutes les servitudes et pour détruire les iniquités séculaires; mais elle n'a pas donné ses résultats, parce qu'elle a été prise en régie par une
classe égoïste, fourbe et avide de privilèges. Il ne
suffit pas, pour rendre aux hommes la jouissance
de leurs droits naturels, de proclamer qu'ils sont
libres et qu'ils sont égaux devant la loi. D'abord,
la loi est ce que la font les législateurs qui sont
toujours des privilégiés. Puis, décréter la liberté
et l'égalité des droits ne signifie rien, tant qu'on
n'a pas extirpé la cause qui rend impossibles la
liberté et l'égalité des droits. La jouissance effec-
tive et assurée d'aucun droit ne peut exister pour
celui qui dépend de la volonté d'un autre dans
l'exercice de son droit à la vie. Or, le prolétaire, c'est-à-dire la multitude, ne peut exercer son droit à la vie que par le travail: mais
la matière du travail et toutes les sources d'où
l'on fait sortir ce qui est nécessaire à l'existence
sont possédées par quelques-uns, qui en disposent
suivant leurs propres intérêts, et peuvent priver

les pauvres du droit de gagner leur vie en travaillant.

Comprenant que ce sont les faibles, et non les forts, qui ont besoin de protection et de sollicitude, Condorcet avait énoncé ainsi le principe des réformes à opérer par la Convention : « Toutes les institutions doivent avoir pour but l'amélioration matérielle, intellectuelle et morale de la classe la plus nombreuse et la plus-pauvre. » Or, depuis un siècle, la préoccupation à peu près exclusive les législateurs a été d'assurer aux privilégiés la tranquille jouissance de leur bien-être et de leurs prérogatives. Aussitôt que la classe bourgeoise a été maîtresse du pouvoir, elle a fait des lois pour interdire aux faibles de s'associer afin de protéger leur travail contre l'avidité des forts, mais elle a permis aux riches d'associer leur capitaux pour exploiter le travail des pauvres. En conséquence, sous le nouveau régime, les pauvres proclamés libres, ont subi un asservissement plus général et non moins irrésistible que sous le régime précédent. « Dans une société, a dit Necker, où la lutte est partout et où les armes sont inégales, la liberté n'existe que pour les forts. On a établi des loi de propriété, de justice et de liberté, mais on n'a presque rien fait pour la classe la plus nom-

breuse des citoyens. Que nous importent vos lois
de propriété? pourraient-ils dire; nous ne possé-
dons rien; vos lois de justice? nous n'avons
rien à défendre; vos lois de liberté? si nous ne
travaillons pas demain, nous mourrons. »

ENVAHISSEMENT DU PAUPÉRISME

Jean-Baptiste Say disait, il y a déjà cinquante
ans : Il est affligeant de penser, mais il juste de
dire qu'une partie de la population périt tous
les ans par le besoin, même au sein des nations
les plus prospères. » Si des millionnaires peuvent
dissiper du superflu, c'est précisément parce qu'il
y a des multitudes de misérables qui manquent
du nécessaire ; et plus le nombre et la fortune des
premiers s'accroissent, plus augmentent aussi le
nombre et la détresse des seconds. Le scandale de
notre époque, c'est que nous voyons s'avancer sur
deux lignes parallèles, et d'une marche très ra-
pide, la misère de la foule qui travaille pour produire la richesse, et l'opulence insolente d'un

petit nombre de privilégiés audacieux qui s'emparent de cette richesse à mesure que les autres la produisent. La Bruyère s'indignait déjà, au dix-septième siècle, que de simples bourgeois, seulement parce qu'ils étaient riches, aient eu l'audace d'avaler en un seul morceau la nourriture de cent familles. S'il eût vécu de notre temps, il aurait pu voir des parvenus, comme les Vanderbilt, dépenser deux millions dans un festin de noce, sans éprouver un remords, un sentiment d'humanité, en face « de ces innombrables misères qui saisissent le cœur, de cette foule de malheureux à qui il manque jusqu'aux aliments, qui redoutent l'hiver, qui appréhendent de vivre ! »

La Convention avait décrété *l'abolition de la misère*; le régime qui est né de la Révolution a créé le *paupérisme*, état de misère permanente et toujours progressive, imposée irrésistiblement à la classe la plus nombreuse de la société par les conditions économiques de l'ordre bourgeois. C'est la plus douloureuse des déceptions du dix-neuvième siècle; d'avoir vu sortir de la Déclaration des Droits de l'homme la plus grande somme de misère qui ait peut-être jamais existé dans le monde; et l'indignation en est d'autant plus grande que jamais le travail de l'homme n'avait produit autant de richesses.

Dans les temps qui ont précédé la Révolution, l'évolution économique se faisait d'un pas lent et régulier; les hommes se classaient facilement dans les différentes professions, et, malgré les privilèges territoriaux de la noblesse et du clergé, ils y trouvaient la possibilité de vivre. On ignorait alors les sociétés anonymes, inventées pour permettre à des gens qui ne travaillent pas de prendre les profits du travail; on ne connaissait pas les banques d'émission, qui à notre époque, poussent dans la société bourgeoise comme des champignons sur le fumier d'écurie. La noblesse eût dérogé si elle eût exploité l'industrie ou le commerce, dont les bénéfices restaient aux travailleurs; et le salaire des artisans était protégé par les corporations contre le capital bourgeois. Les notaires et quelques banques de dépôt fournissaient, à un taux déterminé, les fonds nécessaires au commerce et à l'industrie. Ce fut l'inventurier Law qui apporta en France, au temps de la Régence, le grand système de spoliation des sociétés anonymes et des banques d'émission; et il le fit accepter par le gouvernement de la Régence, dont le cynisme et la corruption n'ont été dépassés qu'à notre époque. Son inauguration fut marquée, d'ailleurs, par une escroquerie gigantesque, qui pouvait faire pressentir notre Panama et tout ce que nous avons vu dans ce genre à la fin du dix-neuvième siècle. Que la bourgeoisie spéculatrice ait essayé de réhabiliter Law, et ait fait de lui un homme de génie malheureux, venu trop tôt dans une société qui n'était pas encore capable de le comprendre, il n'y a rien là qui doive nous étonner. Il a mis dans les mains de la bourgeoisie, dépourvue de sens moral et d'humanité, le puissant instrument de déprédation avec lequel elle a fait d'immenses fortunes et réduit à la misère et à l'asservissement le peuple qui travaille.

Après avoir réalisé à son profit, contre les anciens ordres, la révolution politique de 89, la bourgeoisie, s'étant réservé le droit d'associer ses capitaux pour exploiter la richesse nationale, fut en état d'effectuer, encore à son profit, contre la population ouvrière qui l'avait élevée au premier rang, la révolution économique, qui depuis cent ans, lui donne sans travail la richesse créée par les travailleurs. Par la formation des sociétés anonymes et la faveur des gouvernements qui les ont laissés faire, les capitalistes bourgeois n'ont pas eu de peine à s'approprier les sources de production; par l'abolition du droit d'association que possédaient autrefois les ouvriers, ils les ont mis dans l'impossibilité de défendre contre eux le salaire de la main-d'œuvre; par la concurrence de leurs gros capitaux associés contre les petits capitaux isolés, ils ont anéanti les industries individuelles et les ateliers indépendants, qui faisaient vivre modestement, mais dans la dignité de l'indépendance, les familles qui les avaient établis. Ils ont absorbé dans un petit nombre de grandes usines et de grandes manufactures presque tout le travail industriel qu'ils tiennent asservi à leurs intérêts.

On a le cœur serré quand on se demande ce que sont devenues les innombrables familles auxquelles la grande industrie a ravi leur gagne-pain. Nos villes et nos villages fourmillaient de petits ateliers dont le souvenir reste encore attaché aux noms de leurs quartiers et de leurs rues; ils fournissaient à peu près tout ce qui était nécessaire aux besoins des habitants de la contrée : ils ont été fermés par la ruine, et les familles qu'ils faisaient vivre se sont dispersées dans la désolation. Il faudrait embrasser d'un coup d'œil tous les métiers pour avoir le lamentable tableau des désastres et des angoisses causés par le capital associé

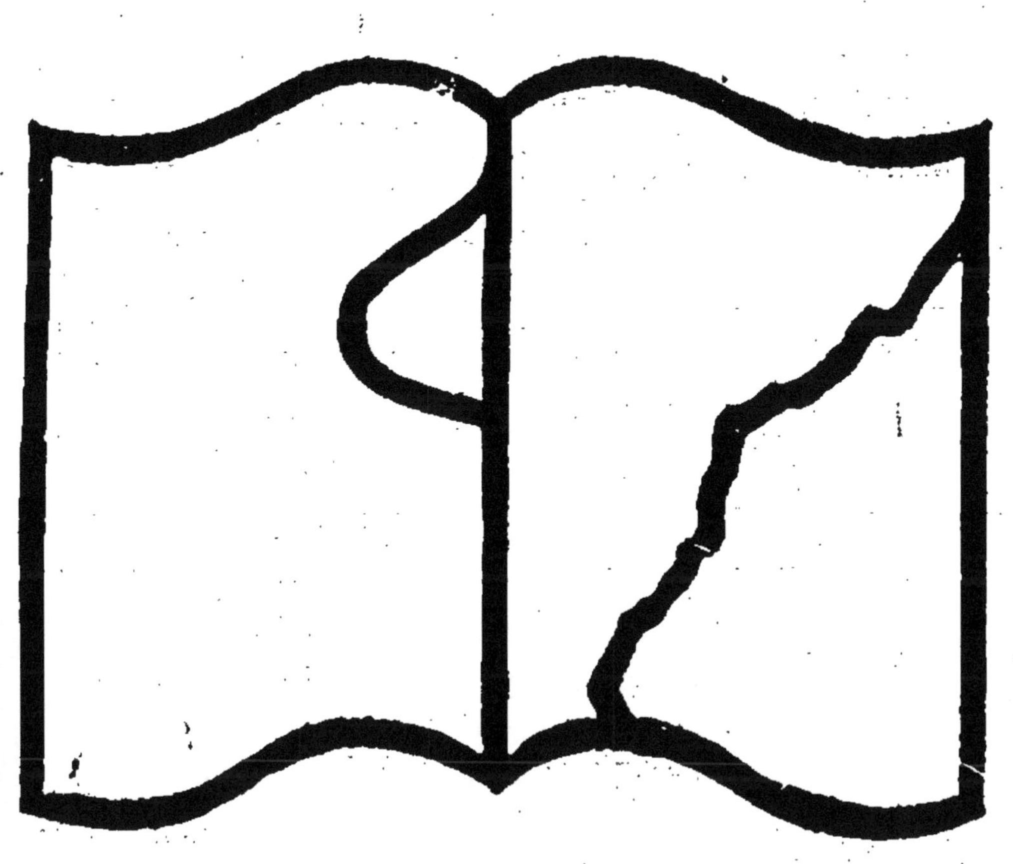

Texte détérioré — reliure défectueuse

NF Z 43-120-11

et servi par le machinisme. On trouvait des tisserands jusqu'au fond des plus humbles hameaux; ils y vivaient tranquilles en tissant le lin et le chanvre que les paysannes filaient de leur récolte pour tous les usages de la maison. Maintenant, les paysannes ne filent plus le lin ni le chanvre, parce qu'il n'y a plus de tisserands pour en faire de la toile: les grandes filatures fournissent les campagnes en toile de pacotille. Au temps où chaque province et même beaucoup de localités avaient leurs costumes traditionnels, c'étaient les magasins de l'endroit qui en vendaient la matière, et les couturières du pays qui les confectionnaient. Pour exploiter la mode, on l'a unifiée et centralisée, et ce sont les grandes maisons de confection qui approvisionnent la classe ouvrière et la classe moyenne en vêtements de mauvaise qualité et de fade monotonie. L'ouvrière qui gagnait honnêtement sa vie au village ou dans son hameau, au sein de sa famille, a dû s'en aller à la ville, où elle mourrait de faim, si elle n'ajoutait le prix de son déshonneur au salaire qu'elle reçoit des patrons qui l'exploitent. Nos campagnes étaient jalonnées de moulins à vent dont nous apercevons encore çà et là les murs lézardés et les vergues en détresse: là guerre du capital oppresseur contre le travail indépendant a passé par là, plus inexorable que des bataillons armés. La métallurgie est accaparée, et il ne s'emploie pas un morceau de fer qui n'ait payé tribut aux syndicats; le travail du bois l'est en grande partie : les scieurs de long et les tourneurs sont à peu près complétement disparus devant le machinisme; l'art lui-même ne peut guère s'exercer hors de la dépendance des sociétés anonymes.

Ce que gagnaient, il y a soixante ans, les routiers, les voituriers, les convoyeurs, les commissionnaires, les caboteurs, enrichit maintenant les actionnaires bourgeois des compagnies de chemins de fer. Les grandes sociétés de transport maritimes ont pris la place des armateurs indépendants. Une seule grande minoterie, comme les Moulins de Corbeil, peut moudre tout le grain nécessaire à l'alimentation de plusieurs départements. Une demi-douzaine de grandes usines actionnées par la vapeur font le travail industriel qui occupait autrefois mille petites fabriques, dont les bénéfices restaient aux travailleurs. Aujourd'hui les profits de l'industrie vont aux actionnaires qui ne prennent aucune part au travail. L'industrie est en progrès, sans doute, mais ce progrès est antisocial et immoral. Était-il nécessaire de créer le paupérisme, de réduire au servage du salariat tous ceux qui ont besoin de gagner leur vie, de livrer le travail à quelques syndicats d'usuriers, pour perfectionner l'outillage industriel ? Si les gouvernants avaient été dignes de leur mission, il n'en aurait pas été ainsi.

Il n'existe plus d'ateliers indépendants que pour faire le travail qu'il est nécessaire d'exécuter sur place ; et presque toutes les matières qu'ils emploient sortent de la grande industrie, qui a prélevé sur elles la dîme du monopole et de l'usure. C'est par centaines de mille qu'ont été chassées de leurs foyers et versées dans le salariat les familles que faisaient vivre autrefois, dans la sécurité d'une existence patriarcale, ces innombrables petites fabriques et métiers individuels, anéantis par le capital anonyme. Les millions d'individus qui les composaient n'ont cessé de former des recrues à l'armée toujours grossissante de la misère, qui sera inévitablement un jour l'armée de la révolution vengeresse. Les grandes sociétés industrielles, ayant à leur service les forces de la nature adaptées au travail par la science, ont remplacé l'activité humaine par les agents mécaniques, de sorte que la main-d'œuvre a diminué dans d'énormes proportions relativement à la quantité de travail accompli. Il y a toujours, par suite, des multitudes de bras inoccupés, et une foule de pauvres gens qui sont torturés par les plus cruelles privations. C'est à l'insécurité produite par ce désordre économique que nous devons les haines sociales, la dépopulation menaçante de notre pays, et la progression incessante de la criminalité, du suicide et de la prostitution ; c'est par elle aussi que fermentent, au sein de la classe opprimée, les colères qui préparent les grands châtiments de la justice immanente.

Mais là ne se sont pas arrêtés les méfaits du capitalisme bourgeois. Après avoir absorbé l'industrie, il a étendu la main sur le commerce, et il est en voie de lui faire subir le même sort par la concurrence irrésistible des Grands-Magasins, également organisés en sociétés anonymes au profit de rentiers et de spéculateurs. L'agriculture elle-même n'est pas à l'abri de ses dévastations : il la ruine par la spéculation sur les blés et sur ses principaux produits, par des monopoles, par l'accaparement des engrais, par l'hypothèque, par le change, par d'autres procédés encore, poussant devant lui le fermier et le petit propriétaire, comme le petit commerçant et le petit industriel, vers la servitude et l'état précaire du salariat, qui bientôt ne pourront plus être évités que par ceux qui ont assez de fortune pour n'être pas obligés de demander leur subsistance au travail.

Pour que la transformation des conditions économiques fût un progrès social, il fallait qu'elle se fît surtout en faveur de la classe la plus nombreuse et la plus pauvre, qui produit la richesse par son travail. Il eût suffi pour cela que l'association des travailleurs se trouvât en face de l'association des capitalistes : les uns ne pouvant se passer du service des autres, l'équilibre se serait établi par la discussion des intérêts et la liberté des contrats ; tandis que les travailleurs isolés ont dû se soumettre pour vivre à toutes les conditions que leur a imposées le capital ; il n'y a eu ni liberté ni contrats, et la bourgeoisie a pris tous les avantages. Les ouvriers ont mis cent ans pour comprendre qu'ils avaient été abominablement dupés, et pour reconquérir ce droit d'association dont ils s'étaient crus si heureux d'être débarrassés, parce qu'il avait donné lieu à des abus que l'on eût pu facilement réformer. Et maintenant la puissance capitaliste est devenue tellement prépondérante que l'association des travailleurs est incapable de réparer le mal qui a été fait, à moins de recourir à des moyens révolutionnaires pleins de sinistres présages.

Après s'être fait adjuger les biens nationaux et les biens des communes, dont ont aurait pu faire une immense propriété collective, la bourgeoisie, associant ses capitaux, a pris les mines, les chemins de fer, les transports maritimes, les grands travaux publics, les fournitures de l'Etat ; elle a accaparé et fait exploiter pour son compte les grandes inventions de la science ; puis elle a envahi toutes les industries et tous les commerces lucratifs, dépossédant les travailleurs indépendants des sources de production qu'ils s'étaient formées par leurs efforts, et les contraignant de se mettre à son service, sans prendre aucun engagement de leur rendre l'existence possible. A l'exploitation directe du travail elle a ajouté la spéculation fictive sur ses produits. La Bourse est devenue la grande machine de compression qui écrase les producteurs : c'est là que les capitaux s'enrôlent et se concertent pour la guerre industrielle et commerciale, dans les grandes Compagnies, beaucoup plus dévastatrices que celles qui ravageaient la France au temps de Duguesclin.

C'est ainsi que la nouvelle classe gouvernante, à laquelle la Révolution avait légué le programme de faire disparaître l'iniquité et la servitude, a donné à l'une et à l'autre leur plus grande puissance d'oppression. Les prolétaires ont été proclamés libres, ils peuvent disposer de leurs corps et de leurs mouvements ; mais la nécessité de vivre les asservit plus durement et plus universellement aux intérêts de la bourgeoisie que le régime féodal n'asservissait ceux du moyen âge aux intérêts de la noblesse et du clergé. Et c'est pour aboutir à cela qu'on a fait tomber sur l'échafaud douze à quinze mille têtes de nobles, de prêtres et de paysans ; qu'on a emprisonné cent cinquante mille infortunés dans les cachots de la Terreur ; qu'on a fait périr quelques millions de soldats plébéiens sur les champs de bataille, autour du drapeau de la liberté ! La bourgeoisie ne cesse de se vanter d'avoir émancipé le peuple, et les discours officiels, prononcés dans les fêtes de la Démocratie, sont gonflés de déclamations sur les glorieuses victoires de la liberté et les immortelles conquêtes de la Révolution !

Pour tenir les prolétaires dans l'illusion, on n'a cessé de leur répéter qu'ils étaient libres ; mais l'illusion s'évanouit devant les réalités cruelles, et il n'en reste que la conscience d'avoir droit à la liberté et aux conditions qui la rendent possible. La bourgeoisie n'a pas même eu la prudence de leur laisser, pour calmer leurs souffrances, la consolation des espérances ulta-vitales : elles les a animalisés et courbés vers la terre, ne leur laissant d'aspirations que vers le confortable, qu'elle tient hors de leur portée. Ils souffrent de la faim et souvent ils en meurent au milieu du luxe et de l'intempérance de leurs maîtres ; et ils meurent en maudissant la vie, n'espérant rien que la dissolution du tombeau. Nous nous disons fiers de notre civilisation et de nos progrès ; et cependant, en dehors du perfectionnement de nos outils et de nos machines, nous sommes en pleine décadence : le peuple a moins de vertu et de probité, moins de dévouement et de solidarité, qu'au temps ou il n'apprenait que le catéchisme ; la bourgeoisie est entièrement vile, égoïste et corrompue ; et nous sommes envahis par le paupérisme qui nous pousse à grands pas vers les dernières catastrophes ; car la justice immanente a aussi son heure dans la vie des peuples.

LA PROTECTION DU TRAVAIL

D'après une étude très documentée, publiée par M. Georges d'Avenel dans la *Revue des Deux-Mondes*, le salaire annuel des ouvriers du quatorzième et du quinzième siècle a oscillé, en montant toujours, entre 800 et 1200 francs, pour 250 jours de travail. De notre temps, non plus pour 250 jours, mais pour 300 jours de travail, la moyenne du salaire annuel n'est que de 1.020 francs ; c'est-à-dire que, pour un travail de 17 pour 100 plus long qu'au moyen âge, le salaire est d'environ 20 pour 100 moins élevé. Si l'on considère, en outre, que la capacité d'achat de l'argent était au moins trois fois aussi considérable qu'elle ne l'est aujourd'hui, on voit à quoi se réduisent pour l'ouvrier de notre époque les bienfaits de la Révolution et du progrès, tant célébrés par la bourgeoisie pour voiler la trahison qu'elle a commise envers les intérêts du peuple.

Quelque libérales que soient les formules du gouvernement, quelque justice même que l'on ait mise dans les principes de la métaphysique politique et sociale, la liberté est vaine et la justice est partout outragée dans une société où le faible n'est pas protégé contre le fort. Les gouvernements ont établi à profusion des lois de garantie en faveur des avantages de la force, mais ils ont négligé de défendre la propriété du travail, qui est le seul bien des pauvres. C'est pourquoi les capitalistes et les propriétaires ont pu, depuis la Révolution plus encore que sous l'ancien régime, abuser de la force sans autre restriction que leur intérêt, pour dépouiller les pauvres du fruit de leur travail, quand ils ne les privaient pas du droit de travailler.

La Révolution avait pourtant posé en principe que « ce qui est juste doit devenir légal »; et la Convention avait déclaré, par la bouche de Condorcet, que les institutions doivent avoir pour but d'améliorer le sort de la classe la plus nombreuse et la plus pauvre. Ce ne sont pas, en effet, les riches et les forts qui sont en peine de faire respecter leurs droits; ils sont trop capables, au contraire, de s'en arroger qui ne leur appartiennent pas. Mais, depuis un siècle, les prolétaires qui se sont dévoués, sur la foi des promesses de la bourgeoisie, pour faire réussir la Révolution et en défendre les institutions contre le retour de l'autocratie, n'ont été récompensés que par des phrases creuses que la réalité contredit en tout. Depuis un siècle, la bourgeoisie, qui avait pris soin de les désarmer du droit d'association, les a exploités comme jamais ils ne l'avaient été depuis les jours les plus sombres du moyen âge.

Le droit de vivre donne à l'homme le droit à la jouissance des conditions rationnelles du travail; il lui donne, en conséquence, le droit à recueillir les fruits de son travail, c'est-à-dire à posséder une part de la production proportionnelle à l'efficacité de son intervention pour la faire naître. Or, entre l'ouvrier et celui qui l'emploie, il n'y a aucun arbitre pour décider quelle doit être la part de chacun. Aristote avait posé pour limite à la richesse, qu'elle ne fût pas un obstacle à la liberté des contrats : dans une société où toutes les sources de la production de ce qui est nécessaire à la vie ont été accaparées, comment voulez-vous que le pauvre puisse contracter librement avec le riche, quand celui-ci tient la vie ou la mort de celui-là enfermées dans sa bourse? Le patron, usant du droit de la force, n'abandonne jamais au travailleur que ce qu'il est nécessaire de lui laisser pour l'avoir à son service. Le salaire est généralement suffisant pour vivre, si le travailleur est un homme et s'il n'a pas de famille ; mais l'ouvrière ne reçoit presque jamais une rémunération de son travail qui puisse suffire à ses besoins essentiels, et elle reste exposée aux angoisses et aux suggestions de la misère. Les immenses richesses, produites depuis un siècle par le travail national, ont surtout servi à augmenter la fortune de ceux qui étaient déjà privilégiés, ou à enrichir les spéculateurs parasites, qui écument la production sans même lui prêter le secours de leurs capitaux.

Les économistes ont trouvé dans la *loi de l'offre et de la demande* une solution facile de la question du salaire ; et il faut bien reconnaître que, dans les conditions actuelles de l'économie sociale, il n'est guère possible de la résoudre autrement. C'est d'après ce principe que l'extension de la misère favorise les bénéfices des exploiteurs ;

aussi n'est-il pas à espérer que ce soit la philan-
trophie de la bourgeoisie mercantile qui arrêtera
l'accroissement du paupérisme. Plus est grand le
nombre des prolétaires qui ne trouvent pas à
occuper leurs bras, moins le prix de la main-
d'œuvre est élevé. La bourgeoisie capitaliste a
donc un double intérêt à ruiner la petite industrie,
le petit commerce et la petite culture : en même
temps qu'elle accapare de nouvelles sources de
production, elle se prépare des bras pour les exploiter à bon marché.

Faut-il que l'organisation économique de la
société moderne soit malfaisante, pour qu'en un
siècle de ce régime la masse sociale ait été réduite
à un état de pauvreté générale que notre pays
n'avait pas connu avant la Révolution, qui devait
ouvrir sur le monde une ère de prospérité, de
liberté et de justice ! Le mal est devenu tellement
profond, qu'il n'y a plus sans doute aucun autre
remède que de renouveler la société, en faisant,
sur les privilèges économiques de la bourgeoisie,
une nouvelle épreuve, analogue à celle qu'elle a
faite elle-même il y a cent ans, sur les privilèges
politiques des anciens ordres. Le droit de vivre,
qui appartient à tous, ne peut pas être perpétuellement subordonné aux intérêts de quelques-

uns. « Le droit est le souverain du monde »,
comme l'a dit Mirabeau ; toute révolution qui lui
rendra sa souveraineté est justifiée d'avance.

Il n'y a qu'une seule propriété qui soit légitime : c'est la propriété des fruits du travail. Or,
c'est celle-là que les institutions protègent le
le moins. Quand on pense avec quelle sollicitude
le gouvernement a réglementé et garanti toutes
les autres transactions, non seulement la vente et
l'achat des immeubles, non seulement les opérations commerciales, mais encore les opérations
fictives et spoliatrices de la spéculation, et jusqu'aux paris qui s'échangent sur le turf ; et quand
on considère qu'il a laissé l'immense classe des
travailleurs à la merci d'une poignée de capitalistes qui les exploitent ; quand on le voit contra-
rier ou réprimer les efforts des prolétaires, lorsqu'ils veulent se protéger eux-mêmes par l'association qu'ils ont reconquise nominalement, mais
dont on ne leur permet pas de se servir, on n'a
pas d'illusion à se faire sur les sentiments de la
classe bourgeoise à l'égard de la classe laborieuse. Elle veut bien associer les travailleurs à
ses luttes politiques, autant qu'ils peuvent contribuer à assurer sa suprématie, mais elle a
besoin d'eux comme esclaves pour lui conquérir

la richesse et lui procurer les commodités de la vie. Elle pense comme Voltaire, qui a fait son éducation, et qui a écrit dans sa correspondance intime : « Si vous faisiez valoir des terres, et si vous aviez des charrues, vous jugeriez, comme moi, qu'il est nécessaire qu'il y ait des gueux ignorants. » Il faut des gueux pour que les bourgeois aient des charrues et des usines ! Voilà les gens qui se sont fait passer longtemps, même auprès des ouvriers, pour des émancipateurs !

Au moyen âge, les artisans défendaient la propriété et la dignité de leur travail par les corporations. Mais les corporations étaient un obstacle au programme économique de la bourgeoisie qui voulait mettre la main sur l'industrie nationale. Alexandre Lameth monta à la tribune, et, dans le style amphatique de l'époque, qui remplaçait quelquefois la raison, il les dénonça comme des institutions *contraires aux Droits de l'homme et à la Constitution;* leurs propriétés, disait-il, n'étaient pas de véritables propriétés, et il en proposa la confiscation. Les bourgeois du Tiers-État ne se firent pas prier pour accéder à ses désirs ; et ils frappèrent d'une amende de 500 livres quiconque ferait désormais partie d'une association qui aurait pour but de n'accorder son travail qu'à un prix déterminé. Isolé par l'abolition des corporations dont il eût été si facile de réformer les abus, le travail est devenu l'esclave du capitalisme, et la condition misérable de la classe ouvrière en a été le résultat. Quels arguments la bourgeoisie apportera-t-elle pour se disculper et se défendre, si, un jour, les travailleurs, conscients de la spoliation qu'ils ont subie depuis cent ans, lui réclament des comptes? Il fallait ne pas manquer d'impudence ou d'inconscience pour oser décréter que les associations qui ont pour but de protéger le travail, portaient atteinte aux Droits de l'homme, lorsqu'en même temps on autorisait celles qui avaient pour objet de l'exploiter et de l'asservir. Depuis la Révolution, la bourgeoisie n'a cessé de mettre en avant ce fameux code des Droits de l'homme qu'elle plie à tous les besoins, chaque fois qu'elle veut comprimer la liberté ou violer la justice.

Les travailleurs ont enfin reconquis le droit d'association, dont la conséquence inévitable sera la dissolution de l'organisation économique que la bourgeoisie avait fondée à son profit. Le capitalisme a bien essayé d'en entraver l'usage, mais il a été bientôt débordé, et le socialisme a fait irruption au sein même du gouvernement. La bourgeoisie capitaliste n'a pas manifesté d'ailleurs la moindre velléité de réprimer les excès de l'exploitation usuraire; les spéculateurs et les accapareurs peuvent continuer sans crainte leurs fructueuses opérations. On a fait construire à leur usage, dans toutes les villes importantes, des Bourses orgueilleuses comme des cathédrales, où ils sont renseignés sur toutes les occasions de grossir leurs fortunes; mais les travailleurs n'ont pas où s'adresser pour savoir où ils auront la chance de trouver à gagner leur nourriture, quand ils en ont un besoin urgent; ils sont obligés d'errer sur les routes à la recherche du travail, et on les traite en vagabonds. La classe dirigeante trouve plus utile à ses intérêts de les exposer aux suggestions de la misère, que de leur fournir des lieux de réunion, parce qu'ils seraient tentés d'y discuter entre eux les intérêts politiques. Et pourquoi n'auraient-ils pas le droit de les discuter? L'amélioration de leur sort n'est-elle pas subordonnée au progrès des institutions? Ils seraient trop naïfs s'ils attendaient du désintéressement de la bourgeoisie la réforme des iniquités dont ils ont à souffrir et dont elle a les bénéfices.

RÉPRESSION DE L'USURE CAPITALISTE

La violation la plus générale et la plus despotique du droit de propriété est celle que pratique le capitalisme sur les produits du travail de la classe ouvrière. La bourgeoisie professe un religieux respect pour la propriété acquise, mais elle s'inquiète peu de la légitimité de son acquisition. Quand les travailleurs ont produit la richesse, les capitalistes qui tiennent le travail sous leur dépendance, parce qu'ils ont accaparé les sources de production, leur prennent cette richesse, et, ayant fait acte de possession, s'en déclarent légitimes propriétaires, avec la conscience aussi tranquille que le trufflier qui prend sous le nez de ses animaux les fruits qu'ils ont découverts.

Il fallait cependant trouver une base au respect de la propriété ; car, dans notre siècle, la philosophie ose scruter jusqu'aux plus profondes racines du droit. Les économistes ont dit, avec Léon Say, que *la propriété est le fruit du travail*. On ne pouvait mieux dire : la propriété, créée par l'effort de celui qui la possède ou de ceux qui la lui ont transmise volontairement, est une chose inviolable comme l'activité humaine qui en a été l'origine. Mais cette définition se retourne précisément contre la richesse acquise par l'exploitation du travail des autres et par la spéculation, qui sont les sources générales des grandes fortunes que notre siècle à vues s'édifier avec une si surprenante rapidité. Pour caractériser celles-ci, il faudrait ajouter un mot à la définition de Léon Say, et dire : « La propriété est le fruit du travail... *des autres*. » Sous cet aspect du moins, la célèbre parole de Proudhon n'était pas trop sévère. Si, parmi ceux que le capitalisme dépouille ainsi de leur part de bénéfice dans la production, ou qu'il prive de leur droit de travailler pour vivre, quelques-uns n'éprouvent pas pour la propriété bourgeoise un respect très profond, peut-on s'en étonner? Le vol, quelles que soient les formes sous lesquelles il se dissimule, ne peut avoir la prétention d'être respectable ni respecté ; qu'il se contente de se voir protégé par la législation et la force commune, jusqu'au jour où la première sera réformée, et où la seconde sera employée à protéger les honnêtes gens contre les malfaiteurs.

Par un abus de la force que ses bénéficiaires ont légalisé, le capital a asservi le travail en accaparant la matière sur laquelle il s'exerce, et, depuis que la liberté a été proclamée par la Révolution, il le traite, sous certains rapports, plus mal que les maîtres ne traitaient autrefois leurs esclaves. Ceux-ci avaient, du moins, sur l'ouvrier moderne, l'avantage que leurs maîtres les nourrissaient, les logeaient et les défendaient contre l'injustice étrangère ; ils les nourrissaient même quand ils ne pouvaient travailler, et ils avaient intérêt à les soigner dans leurs maladies, parce que les esclaves représentaient pour eux le prix qu'ils avaient coûté au marché. C'est pour un maître aussi que le prolétaire français travaille ; mais ce maître qui le tient enchaîné par le besoin de vivre, a trouvé, dans la proclamation de la liberté, l'ingénieux moyen de se dégager de tous devoirs envers la vie de ceux qui travaillent pour lui, et qui ne tirent de leur vain titre d'hommes libres que la liberté de mourir abandonnés dans un coin ou dans un lit d'hôpital. Les innombrables malheureux qui meurent de privations ou qui vont finir leurs jours dans les hôpitaux, nous disent combien de prolétaires ont été incapables de ramasser sur leur salaire ce *pécule* qui permettait à l'esclave romain de racheter sa liberté et de mourir indépendant.

L'homme travaille pour se procurer les moyens d'existence et de bien-être ; et le premier des titres, pour celui qui n'est pas aveuglé par l'orgueil ou dégradé par la mollesse, est de travailler pour vivre, c'est-à-dire, de donner pour recevoir, afin de ne pas porter la flétrissure du parasite. Si les produits de son activité dépassent sa consommation, le surplus forme une réserve qui procurera le repos et la dignité à sa vieillesse, qui le mettra à l'abri des privations que causent le chômage, les accidents et les maladies; qui, transmise à sa postérité, lui épargnera les luttes et les souffrances de ceux qui naissent dans le dénuement: celle-ci pourra se pourvoir de l'instruction, des instruments et de la matière nécessaires au travail, et, jouissant par elle-même des conditions de l'existence, elle échappera à l'asservissement du salariat ou aux humiliations de la mendicité.

Tel est, devant la nature et la raison, le véritable objet du capital et de la propriété.

Mais parce que le capital est une réserve de moyens d'existence et de bien-être, que les hommes voudraient posséder avant de les avoir produits par leurs efforts personnels, il a une terrible puissance de séduction et d'oppression. Les hommes lui ont demandé ses services, et il les leur a accordés, mais il a exigé en retour des privilèges exorbitants. La société, formée pour réprimer les abus de la force, a été trahie par ses chefs, qui ont abandonné les faibles à l'exploitation des forts ; ils ont livré aux capitalistes la vie et la liberté de la multitude qu'ils devaient protéger, en leur permettant de monopoliser et de s'approprier pour toujours les sources naturelles d'où le travail fait sortir ce qui est nécessaire au maintien de la vie et à ses commodités. En échange de certains avantages immédiats qui leur ont épargné quelques peines et procuré quelques jouissances, les hommes ont aliéné le bonheur de l'avenir, comme le prodigue engage chez l'usurier l'héritage paternel, afin de jouir plus tôt des plaisirs de la vie. L'humanité est cruellement châtiée de son imprévoyance ; et que de sang ne lui faudra-t-il pas verser pour reprendre les droits qu'elle s'est laissé usurper!

Pour que chacun pût jouir librement des conditions de la vie et fût l'artisan de sa fortune, il faudrait que tout homme, entrant dans la société, y trouvât à sa portée l'instruction, les instruments de travail et la matière à laquelle il pourrait les appliquer. Il n'en est pas ainsi : depuis que la société existe, elle a toujours négligé ses obligations relativement à ces trois objets ; mais, dans les temps anciens, il était moins difficile à l'individu d'y suppléer qu'à notre époque. De nos jours cependant, l'État s'est préoccupé de l'instruction du peuple, non par esprit de justice, mais par intérêt politique ; et ce n'est pas, d'ailleurs, avec les éléments de grammaire et d'arithmétique qu'il lui fait donner, que le fils du prolétaire peut gagner sa vie. Il lui serait bien plus nécessaire d'apprendre un métier, mais la société n'en a aucun souci ; elle a fondé quelques écoles professionnelles, et ce sont des privilégiés qui les fréquentent. Quant aux instruments et à la matière du travail, elle n'en a point à fournir : celle-ci a été aliénée aux capitalistes, plus complétement qu'elle ne l'avait encore jamais été, et on laisse au hasard le soin de fournir les autres. Telles sont les conditions de la servitude moderne.

Pour établir la justice dans la répartition de la richesse créée par le travail, il faudrait que l'activité humaine fût affranchie de cette irrésistible dépendance sous laquelle elle est tenue par le capital usuraire qui l'exploite. Le moyen le plus radical serait sans doute de mettre fin, par une révolution sociale, à l'accaparement de toutes les sources de production. Mais comment faire cette révolution sans porter atteinte à la justice naturelle dans ce qu'elle a de plus respectable? et quel en serait le résultat? Dans une société où les hommes font consister la règle des relations humaines dans la lutte dirigée par les lois de la force, peut-on calculer au prix de quelles calamités se ferait un pareil bouleversement? Et après, où trouverait-on des hommes assez intègres pour distribuer à chacun avec équité les conditions de l'existence?

Ce qui serait actuellement possible, et pourrait se faire par un effort commun de la classe ouvrière, auquel les pouvoirs publics seraient incapables de résister, ce serait d'alléger la misère et la servitude du prolétariat par la répression de l'usure capitaliste sous toutes ses formes, banque, hypothèque, sociétés d'exploitation industrielle et commerciale, rente, fermage et location, spéculation individuelle ou anonyme. La spéculation, d'abord, ne mérite aucun ménagement : elle est un parasitisme criminel, qui, par des opérations fictives, dépouille également le producteur et le consommateur, sans rendre aucun service à l'un ni à l'autre ; c'est par elle surtout que se sont formées ces scandaleuses fortunes qui se sont étalées tout à coup aux yeux du monde, sans qu'on ait vu d'où elles étaient sorties. Souvent elle appelle à son aide l'accaparement, et elle n'est pas moins malfaisante que les organisateurs du *Pacte de famine*. Les travailleurs lui doivent une grande part de leur misère ; et il ne serait que juste d'imiter, à l'égard des spéculateurs millionnaires, la justice de nos anciens rois, qui faisaient rendre gorge aux *traitants* et aux *maltôtiers*, et les nourrissaient ensuite dans les cachots des bastilles, quand ils ne les pendaient pas au gibet de Montfaucon.

On ne peut refuser une rémunération au capital quand il est l'auxiliaire du travail, mais il ne doit être ni son maître ni son oppresseur. Pour modérer sa puissance despotique, la société, protectrice des droits de la faiblesse, a le devoir de mettre des bornes à ses exigences, de sorte que le travail qui est la forme utile et respectable de l'activité humaine, jouisse de la plus grande somme de liberté et reçoive une part de richesse proportionnelle à son efficacité dans la production. De sa nature le capital est inerte, et c'est par une fiction que l'on nomme *actionnaires* les membres des sociétés anonymes d'exploitation ; celles-ci doivent être remplacées par des sociétés d'*obligataires* à revenu fixe, revenu qui sera toujours assez élevé, pourvu que le capital soit parfaitement assuré ; et cette parfaite garantie peut s'obtenir par la solidarité du travail largement organisée.

Pour comprendre et avouer la justice d'une pareille réforme, il faut sortir des idées propagées par l'économie politique officielle, qui est au service des privilégiés et n'a de souci que de justifier et de maintenir les injustices existantes ; il faut remonter vers l'idéal de justice sociale que les grandes intelligences et les grandes vertus chrétiennes des temps passés concevaient infiniment mieux que les âmes mercantiles de notre époque. Tous les Pères de l'Église ont condamné ce qu'ils appelaient « l'horrible fécondité de l'argent », la fécondité d'une chose inerte qui ne peut pas produire. Saint Bernard et les plus grands Doctours de l'Eglise ont été du même avis, et n'ont cessé d'élever la voix contre le riche oisif qui vit du travail des autres.

Bossuet, dans son traité de l'*Usure*, a enseigné, avec sa grande force d'argumentation, que l'intérêt d'un emprunt en rembourse le capital. La bourgeoisie moderne, qui a réglé dans son propre intérêt le régime de la Dette nationale, a trouvé bon d'imposer sur le travail des peuples un tribut perpétuel, comme celui qu'avait imposé sur le sol le propriétaire féodal. Dans ces conditions, la banqueroute des Etats, la *hideuse banqueroute* qui servit de prétexte aux bourgeois pour s'approprier les biens nationaux, doit être considérée comme une mesure nécessaire de justice, parce qu'elle libère la société d'une dette qu'elle ne doit plus, après que le montant du capital emprunté a été remboursé et convenablement rémunéré par le payement des intérêts.

. Le public, qui réfléchit peu et qui accepte avec une désolante crédulité les idées que veut lui inculquer la classe qui l'exploite, n'a pas encore pris conscience que la *consolidation de la Rente* est une forme de l'exploitation capitaliste, et qu'elle a une très grande part dans la misère du prolétariat. En achetant de la Rente, le capitaliste acquiert, pour lui et pour sa postérité, le droit de prélever sur le travail national un revenu perpétuel, qui ne s'éteindra que le jour où le travail épuisé ne pourra plus alimenter la caisse de l'État, et où la banqueroute se produira inévitablement. La bourgeoisie moderne a trouvé cet ingénieux artifice pour fonder à son profit, sur tout le travail et toute la fortune de la nation, une dîme que les seigneurs et le clergé ne s'arrogeaient du moins que sur la terre. Elle s'est établie au cœur de la société, comme le ver s'introduit au cœur d'un chêne, où il se nourrit et se reproduit à perpétuité, jusqu'à ce que l'arbre rongé tombe pour être mis au feu.

COMMENT LES PROLÉTAIRES ONT ÉTÉ ÉMANCIPÉS

Nous avons eu cent ans d'agitation révolutionnaire pour réaliser le programme de la Déclaration des Droits de l'homme. A quoi ont servi tous ces efforts violents faits par l'humanité, au nom du droit et de la justice, pour détruire toutes les servitudes? Est-ce que la liberté est respectée? Est-ce que le nouveau régime a mis fin aux iniquités sociales qui faisaient gémir autrefois les masses populaires? — Les hommes ont tressailli d'allégresse en entendant proclamer la liberté et en voyant briser les liens de l'ancienne servitude légale. Il n'y a plus de serfs ni d'esclaves; il n'y a plus de fers forgés par la tyrannie pour enchaîner à la volonté d'un maître le corps de l'homme et ses mouvements. Mais il y a le besoin de vivre, la misère et la mort menaçante, qui tiennent la foule humaine dans une dépendance plus oppressive que le despotisme féodal. Proclamer la liberté, c'est prononcer de vaines paroles, tant qu'on n'a pas l'énergie de réaliser les conditions sociales et économiques qui rendent la liberté possible. Avec des formules libérales, les réalités sont restées oppressives; il s'est même introduit dans la société moderne des éléments d'asservissement et d'inégalité sociale que les temps anciens n'avaient pas connus. Autrefois la domination de la force avait un domaine circonscrit d'où elle ne sortait pas ; aujourd'hui elle s'étend sur toutes les formes de l'activité humaine. Un homme n'est plus soumis par la loi à la domination d'un autre, mais il lui est asservi irrésistiblement par la nécessité de vivre; ce n'est pas même à l'homme qu'il est asservi, c'est à son capital, despote inexorable.

Dans une société où il y a des forts et des faibles, la liberté n'est profitable qu'aux premiers, tant qu'il n'existe pas au-dessus des uns et des autres un pouvoir supérieur et indépendant qui tienne dans ses mains les balances de la justice. Or, depuis la formation du nouvel ordre de choses, issu de la Révolution, il n'y a pas eu d'arbitre indépendant entre la bourgeoisie qui possède la force et la richesse, et la classe ouvrière qui est faible parce qu'elle est pauvre. Pendant un siècle, les privilégiés ont possédé seuls le pouvoir législatif; les lois qu'ils ont formées sont toujours en vigueur, et la magistrature qui les interprète est toujours choisie au sein de la classe bourgeoise. Rien n'empêchait donc la bourgeoisie de s'approprier toutes les conditions du bien-être; aussi en a-t-elle profité, et tous ceux qui n'avaient que leur travail pour vivre ont été bientôt réduits à dépendre entièrement de sa volonté dans l'exercice de leur droit à l'existence. Le grand effort social dont le monde a été agité depuis la Révolution, n'a eu pour effet que d'affermir la conquête du pouvoir politique, faite par la bourgeoisie sur la noblesse grâce au concours de la classe ouvrière. Le grand mouvement scientifique et industriel du dix-neuvième siècle n'a servi qu'à mettre aux mains de la classe bourgeoise des moyens plus rapides de s'emparer de la richesse nationale, et de former ces immenses fortunes particulières qui lui permettent d'exercer sur le prolétariat une exploitation de plus en plus impitoyable.

Le droit de travailler pour vivre n'est plus soumis aux vexations d'une corporation d'ouvriers qui s'est arrogé des prérogatives exagérées, mais aussi qui défend, contre la puissance de la richesse, le salaire et la dignité du travail ; il est subordonné aux intérêts des associations anonymes, qu'ont formées les bourgeois capitalistes et oisifs pour accaparer la matière du travail et n'en concéder la mise en œuvre qu'aux ouvriers qui consentiront pour vivre à leur laisser les bénéfices de la production. Autrefois, pour fonder un atelier, il fallait être ouvrier soi-même et avoir fait ses preuves de capacité professionnelle ; aujourd'hui, il suffit d'avoir de l'argent : d'autres font le travail, et le capitaliste en recueille les fruits sans quitter son oisiveté ou ses plaisirs.

Un ouvrier peut, sans doute, fonder un atelier et travailler pour son compte, aucun règlement ne s'y oppose ; mais il va avoir en face de lui la concurrence des sociétés industrielles de la bourgeoisie ; elles sont riches, elles ont intérêt à le ruiner, et elles pourront toujours y réussir. Réduit à la faillite, il devra renoncer à son indépendance, et il ira offrir ses bras à ces mêmes sociétés anonymes qui l'ont jeté dans la misère. Elles payeront son travail ce qu'il leur plaira, si elles consentent à l'occuper, car le nombre des ouvriers qui ont besoin de gagner un salaire est toujours de beaucoup supérieur aux besoins de l'industrie, depuis que le travail humain y a été remplacé par des agents mécaniques. La bourgeoisie a émancipé la classe ouvrière !!!

Partout où apparaît une nouvelle source de production quelque peu rémunératrice à faire valoir, la bourgeoisie, qui se tient à l'affût pour saisir l'occasion de placer et de multiplier ses capitaux, s'en empare ou s'en fait vendre le monopole à bon marché, à la faveur des pots-de-vin; et, de toute la richesse qui en est tirée par le travail, les ouvriers qui la produisent ne recueillent que quelques miettes sous le nom de salaire. Le travail indépendant n'existe plus que dans quelques métiers infimes; et le commerce indépendant ne tardera pas à être réduit au même régime par la concurrence des Grands-Magasins, fondés aussi par des capitaux anonymes, au profit de gens qui ne travaillent pas.

C'est à célébrer cet état de choses que les économistes de l'*Institut* ont fait leur fortune ! Combien de zèle n'ont-ils pas mis à se persuader à eux-mêmes et à démontrer aux autres que la masse populaire y trouvait son intérêt supérieur ! Choyés et libéralement récompensés par la ploutocratie qu'ils servaient, pouvaient-ils se permettre de reconnaître et d'avouer cette loi d'économie sociale, si bien mise en lumière par le baron de Colins et les sociologues de son école : « que le bon marché des produits, quand les sources de production sont sous la dépendance du capital, est toujours proportionnel à la modicité de la part de bénéfice attribuée au travail, c'est-à-dire, à la modicité du salaire, et jamais à la modicité de la part de bénéfice prélevée par les actionnaires ; que, dans ce cas, le salaire des ouvriers est toujours au *minimum* des circonstances, tandis que le dividende des actionnaires est toujours porté au *maximum* des mêmes circonstances ; et que, par suite, dans une société où le travail se fait au compte des capitalistes et des propriétaires, plus les marchandises sont à bas prix, moins les salariés sont en état de se les procurer ? » La misère et le paupérisme ont progressé devant eux proportionnellement à la rapidité avec laquelle s'élevaient les grandes fortunes des exploiteurs de l'industrie, et cela n'a pas été capable de leur ouvrir les yeux. Ils ont cherché la cause du paupérisme dans le petit verre que l'ouvrier prend en sortant de l'usine pour tromper sa fatigue ! Ils ont soufflé dans l'oreille du gouvernement qu'il fallait recommander aux instituteurs de faire des conférences contre l'abus de l'alcool : les instituteurs obéissants ont enfourché le dada, et répété consciencieusement la leçon qu'on leur a faite ; aucun d'eux ne s'est avisé sans doute de rechercher si la progression de l'alcoolisme n'est pas due aux conditions d'existence misérable qui ont été imposées au prolétariat par le régime d'exploitation bourgeoise, qui tire profit de la dégradation du pauvre.

Ces hommes prudents, dévoués à la ploutocratie, ne pouvaient non plus se permettre de constater que c'est au régime économique imposé à notre malheureux pays, que nous devons surtout sa dépopulation menaçante. Le prolétaire qui n'arrive pas toujours à gagner sa propre vie par son travail, peut-il se condamner au remords d'avoir donné naissance à des enfants qu'il sait voués aux humiliations de la servitude et aux détresses de la misère ? Aux temps où les croyances supérieures donnaient lieu de considérer la vie terrestre comme un moment d'épreuve, dans lequel l'homme doit se préparer une destinée ultra-vitale heureuse ou malheureuse en faisant ici-bas le bien ou le mal, le bonheur pouvait être regardé comme une chose secondaire. Il n'en est plus ainsi depuis que le matérialisme a fixé pour limite à l'existence de la personne morale la dissolution corporelle. La vie n'est plus un bienfait que pour ceux qui peuvent en savourer les plaisirs ; et les pères et les mères ont à redouter que leurs enfants ne trouvent plus tard, dans les principes qu'ils auront reçus à l'école, le droit de maudire l'imprévoyance de ceux qui leur ont donné le jour. Chez les riches, c'est l'orgueil de la domination qui ferme les berceaux ; chez les pauvres, c'est la pitié qui apprend aux pères et aux mères à éteindre dans leur source les principes de la vie. « A ne consulter que la raison, disait Chamfort, quel est l'homme qui voudrait être père? — Je ne veux point me marier, ajoutait-il, dans la crainte d'avoir un fils qui me ressemble ; oui, dans la crainte d'avoir un fils qui, étant pauvre comme moi, ne sache ni mentir, ni ramper, ni flatter, et ait à subir les mêmes épreuves que moi. »

Les prétendus émancipateurs de l'humanité se sont fait gloire aussi d'avoir aboli la dîme, la taille et la corvée, comme d'avoir aboli les corporations. Mais ce n'est pas gratuitement que nous en avons été délivrés. La taille et la corvée ont été remplacées par un budget de quatre milliards, et, quelles que soient les mains qui le versent, c'est toujours sur le salaire du travail qu'il est prélevé. Quant à la dîme, nous en payons bien des fois l'équivalent aux accapareurs, aux bénéficiaires des monopoles, aux agioteurs, aux spéculateurs et à tous les parasites qui vivent ou s'enrichissent sans rien produire. Chaque fois que nous achetons une livre de sucre ou de café, un litre de pétrole, un boisseau de charbon de terre, un pain de trois livres, nous acquittons, au-dessus de leur valeur réelle, une dîme énorme en comparaison de celle des temps passés. Si le prix de la marchandise avait été contrôlé, en prenant pour base la juste rémunération du travail et du capital, et que, après l'avoir payé, la ménagère fût invitée à verser dix, quinze ou vingt centimes en plus pour entretenir le luxe et la mollesse de tel ou tel bourgeois accapareur ou spéculateur, elle éclaterait en invectives. Et cependant, elle la paye tous les jours, cette dîme; mais elle ne lui est pas présentée sous cette forme et sous ce nom que l'on nous a appris à haïr; la ménagère se contente de faire entendre une vague lamentation sur la cherté de la vie, dont elle ne voit pas la cause. Le bourgeois jacobin qui a pris les biens du clergé et chassé les nobles de leurs châteaux, n'a pas négligé de s'approprier aussi leurs privilèges, auxquels il en a ajouté d'autres; mais il les a adroitement dissimulés pour ne pas faire crier ses victimes. Que dis-je? il affecte de les avoir émancipées et d'être leur bienfaiteur; et, ce qui est plusfort, il le fait croire depuis cent ans aux malheureux qu'il exploite et qu'il dupe!

Le véritable objet du progrès social est de rendre la multitude plus libre et plus heureuse par le respect des droits que chacun a reçus de la nature. Mais le respect des droits ne va pas sans la moralité; et, sous ce rapport, nous sommes en pleine décadence. Les hommes, imbus des théories matérialistes, qui ne peuvent donner à la vie d'autre fin que les jouissances terrestres, ne veulent plus souffrir le droit qui les gêne, et ils l'oppriment avec d'autant moins de retenue qu'ils n'ont à craindre que la sanction sociale, exercée sous le contrôle des privilégiés, c'est-à-dire, sous le contrôle des oppresseurs eux-mêmes. La philosophie matérialiste, la seule qui soit en harmonie avec l'âme égoïste du bourgeois exploiteur, a d'ailleurs inventé, pour tranquilliser la conscience de ceux qui trouvent leur intérêt dans la misère des autres, une théorie morale prétendant faire un devoir à la société de se désintéresser de ceux qui tombent vaincus dans la lutte de la vie ; parce que, dit-elle, la société a intérêt à ne se reproduire que dans ses membres les mieux doués pour se tirer d'affaire. Seulement, il ne faudrait pas oublier que le succès des uns et le revers des autres ont leur origine habituelle en ce que, dans la lutte, les armes n'étaient pas égales, et, souvent aussi, en ce que les vaincus ont été plus honnêtes que les vainqueurs. La société aurait-elle plus d'intérêt à se reproduire dans la canaille que dans les honnêtes gens ?

La secte anarchiste a tiré violemment les conséquences pratiques de cette doctrine. Vous avez enseigné à ce malheureux que sa destinée ne s'étend pas au delà des limites de la vie ; que le bien n'est que le bonheur terrestre ; que les ordres de la conscience sont des préjugés, inculqués aux faibles pour leur faire respecter les lois imposées par les forts ; que la justice elle-même se résout dans la force : que reste-t-il à faire à cet homme à qui l'on n'a inspiré que l'amour des jouissances, et qui en voit l'accès fermé devant lui par l'égoïsme des autres ; qui ne peut attendre dans la vie que des humiliations, des souffrances et d'ingrates fatigues ? Que fera celui qui s'est abaissé à solliciter humblement de ses frères privilégiés la permission de travailler pour vivre ou pour donner du pain à ses enfants, et qui a vu repousser sa pauvre supplique?... L'organisation de la société expose les hommes au crime par le désespoir, et elle les punit ensuite pour des crimes auxquels elle les a poussés.

RÉFORME OU RÉVOLUTION

La Révolution française devait substituer le droit à la force dans les relations sociales; elle a fait couler beaucoup de sang généreux, mais la force est toujours debout sur le droit qu'elle opprime. Les anciens privilégiés ont été remplacés par d'autres, non moins avides de richesses et de domination, qui ont fait entrer dans leur domaine d'immenses ressources que les premiers avaient abandonnées à l'exploitation de ceux qui ont besoin de travailler pour vivre. L'ancienne aristocratie était entretenue par la terre qu'elle avait conquise dans les temps barbares, et qu'elle avait défendue de son épée pendant tout le moyen âge; mais elle ne pouvait sans déroger exploiter l'industrie et le commerce. La bourgeoisie qui l'a dépossédée, s'est appropriée la terre, comme les anciens ordres, et elle la fait défendre par les prolétaires qui l'arrosent en même temps de leur sang et de leur sueur; mais elle a mis aussi la main sur l'industrie et le commerce, qu'elle fait exploiter à son profit; et elle occupe toutes les fonctions rémunératrices. Elle a soumis la masse populaire à la condition humiliante et précaire du salariat, et, sous le rapport de la sécurité, la vie des prolétaires est inférieure à celle des manants et des serfs du moyen âge. Sous l'ancien régime, les artisans défendaient, par les corporations, la propriété et la dignité de leur travail contre le capital; au xix° siècle, la propriété du travail a été subordonnée sans défense aux intérêts des capitalistes. Les ouvriers de notre temps ne paraissent pas résignés à se contenter de la part qui leur a été faite dans le partage des bienfaits de la Révolution : qui pourrait leur en faire un crime?

Dans toute société où les droits de l'humanité sont méconnus, l'état de nature, dont l'organisation sociale avait pour objet de faire cesser les violences, reprend son empire; la guerre, latente ou déclarée, existe de droit entre les oppresseurs et les opprimés. La guerre civile est toujours un affreux malheur, mais elle est un malheur nécessaire quand la justice ne peut prévaloir que par la force des armes. En faisant verser des flots de sang pour la vaniteuse satisfaction de posséder la suprématie politique, dont elle a abusé pour fonder un nouveau régime d'asservissement qui ferait presque regretter l'ancien, la bourgeoisie a perdu le droit de s'indigner des menaces de révolution provoquées par les iniquités toujours croissantes dont elle s'est rendue coupable. Aveuglée par l'égoïsme, elle est incapable d'avouer la justice des revendications populaires et d'y faire droit, jusqu'à ce qu'elle y soit contrainte par la force.

Les sanguinaires bourgeois de 93 envoyaient à l'échafaud des enfants et des jeunes filles, dont le seul crime était de n'être pas nés dans le sein d'une bourgeoise; et Carnot excusait leur lâche férocité en disant « qu'il n'y avait pas d'innocents parmi les aristocrates »; ce qui ne l'empêcha pas de se faire donner le titre de *Comte* quelques années plus tard, en même temps que Fouché se faisait décerner celui de *Duc*. Ces bourgeois que leurs appétits transformaient en tigres, ont laissé une génération qui est digne d'eux : les quatre-vingt à cent mille personnes qui meurent chaque année de privations en France, et les sept à huit mille qui se suicident de désespoir pour échapper aux souffrances de la misère, sont des victimes de sa cupidité. Elle n'en jouit pas moins tranquillement des prérogatives économiques qu'elle s'est arrogées. Voilà la circonstance atténuante qui excuse d'avance les excès probables des révolutions qu'elle aura rendues nécessaires. La noblesse jouissait d'une tradition de quatorze siècles; ses privilèges, formés par la conquête ou gagnés sur les champs de bataille en défendant la patrie, s'étaient tempérés peu à peu sous l'influence de l'idéalisme chrétien. La bourgeoisie a fait sortir les siens de la Déclaration des Droits de l'homme, et il n'a pas fallu plus d'un siècle pour leur donner une telle puissance d'oppression que la patience populaire, poussée à bout, menace de se changer en fureur.

Pressés par la souffrance, les ouvriers de l'industrie sont déjà descendus plusieurs fois dans la rue; ils ont levé les pavés pour en faire des barricades, et ils sont allés au-devant de la mort sous les plis du drapeau où ils avaient inscrit leur désespoir avec leurs revendications : « Vivre en travaillant, ou mourir en combattant ». Décimés par les balles, ils ont été ramenés dans l'atelier comme les forçats rentrent au bagne après une tentative d'évasion, et ils ont continué dans la même misère à enrichir leurs exploiteurs. On avait fait d'eux des héros, quand ils se faisaient tuer sur les barricades pour renverser les gouvernements qui menaçaient la suprématie politique et financière de la bourgeoisie capitaliste; ils ont été des criminels dès qu'ils ont versé leur sang pour conquérir le droit de vivre par le travail. Ils ne pouvaient vaincre, lorsque l'isolement où les avaient réduits leurs maîtres ne laissait entre eux d'autre lien que la communauté de la servitude et de la misère. Le droit d'association qu'ils ont enfin reconquis facilitera l'entente commune et l'action générale; et tout fait présager qu'on en verra bientôt les effets.

Les échecs de leurs tentatives prématurées de révolution sociale n'ont pas entamé leur confiance dans le résultat final. Actuellement ils s'entraînent par les grèves en vue des dernières luttes contre le capitalisme. Si ce n'était ce but, on se demanderait avec stupéfaction quelle folle suggestion arrête ainsi successivement le travail dans toutes les industries, sans résultats capables de compenser les calamités que le chômage attire sur les familles ouvrières. Sans doute, les politi-

ciens qui cultivent la grève ne méritent pas beaucoup de confiance, et il peut n'être pas téméraire
de penser qu'en excitant les ouvriers à des désirs
subversifs, les apôtres d'aujourd'hui ont en vue de
devenir les maîtres de demain. Mais la majorité
des ouvriers ne forme pas un troupeau incons-
cient, qui suit en aveugle, malgré les épreuves
subies et à subir, sans comprendre le but vers lequel on le mène, ne cherchant qu'à satisfaire ses
passions sans souci de la justice. Les exemples
d'en-haut et les doctrines dissolvantes n'ont pas
éteint la probité dans la classe ouvrière, parce
que le sentiment de la justice est vivifié par les
injustices mêmes dont on a à souffrir.

Tous les ouvriers ont conscience qu'il serait
juste de mettre un terme à l'état de choses qui
donne tous les avantages à quelques-uns, déjà
privilégiés, et qui ne réserve à la multitude que
le travail, la misère et la souffrance; et tous seraient d'accord pour y contribuer, si la justice et
l'efficacité des moyens qu'on leur propose n'é-
taient pas si discutables. On leur promet de ré-
tablir la justice sociale par le *Collectivisme*, dont
les plus turbulents et les moins réfléchis ac-
ceptent le programme, soit parce qu'il flatte leurs
désirs, soit parce qu'il est patronné par les poli-

ticiens qui les ont pris sous leur tutelle, afin qu'ils servent leurs ambitions politiques. La société a laissé les sources de production devenir la propriété de quelques-uns : elle ne peut les déposséder de ce qui est à eux dans cette propriété pour y avoir placé un capital créé par leurs efforts; et elle n'est pas en état de leur rendre l'équivalent de ce capital. Que les meneurs peu scrupuleux du socialisme entraînent au pillage de la propriété la partie malsaine de la classe laborieuse, et lui jettent comme une amorce les biens des congrégations et de la charité chrétienne pour exciter ses appétits, cela ne prouve qu'une chose : c'est que la moralité, au lieu de progresser sous l'influence du matérialisme, a déjà reculé très loin vers la bestialité des temps barbares. D'où il suit que, si nous sommes actuellement dans l'impossibilité matérielle de réaliser la *socialisation* des sources et des moyens de production sans avoir recours à des procédés criminels, nous sommes aussi dans l'impossibité d'organiser suivant la justice l'*ordre collectiviste*, pour lequel il faudrait un état moral infiniment supérieur à celui dont nous pouvons nous prévaloir. Quand les hommes se montrent aussi égoïstes et avides de jouissances qu'ils le sont aujourd'hui ; quand on comprend, ainsi qu'on le fait actuellement, les relations sociales comme une lutte de la force où chacun est pour les autres un ennemi à vaincre ou un esclave à exploiter ; à une époque comme la nôtre, où l'honnêteté est taxée de sottise, où l'improbité triomphante est adulée, à qui pourrait-on confier la mission de distribuer les conditions de l'existence? Nous voyons chaque jour les meilleures institutions donner lieu aux plus grands attentats contre la justice et la liberté, par l'immoralité de ceux qui ont la charge d'en surveiller le fonctionnement. Si les conditions économiques que nous subissons sont oppressives et dégradantes pour tous ceux qui ont besoin d'un salaire pour vivre, il n'est pas permis d'espérer que la réalisation actuelle du programme collectiviste, fût-elle possible, réussît à relever la dignité humaine et à sauvegarder la justice et la liberté : elle produirait des bouleversements, des luttes acharnées, et des catastrophes sans compensation.

Quels que soient les avantages que la société ait trouvés ou cru trouver à autoriser l'appropriation perpétuelle de la terre et des sources naturelles de production, il serait difficile de la justifier théoriquement par les principes du droit na-

turel. Le droit de propriété n'existe rationnelle-
ment qu'à l'égard des biens créés par l'activité
humaine : sur les sources de production créées
par la nature, l'homme n'a qu'un *droit d'usage*,
afin d'en tirer par son travail ce qui est nécessaire
à ses besoins. Mais étant donnée l'appropriation,
et les hommes se trouvant dans l'impossibilité
actuelle de la faire cesser et d'organiser suivant
la justice absolue les conditions de la vie égales
pour tous, il faut se contenter des réformes réalisables qui allégeraient la misère du prolétariat
et le rapprocheraient du jour de la libération définitive.

Par la volonté de la masse prolétarienne, à laquelle ni les gouvernements, ni les privilégiés
ne pourraient résister, il serait possible, et juste
aussi, de réprimer l'usure capitaliste sous toutes
ses formes, dans l'industrie, dans le commerce et
dans l'agriculture. Dans l'état de choses présent,
le travail ne pourrait se passer du capital bourgeois, car la société n'a aucune réserve qui puisse
le suppléer ; mais la société a le droit et le devoir
de défendre le travail contre les exigences et l'avidité du capital. S'il est nécessaire que celui-ci reçoive une rémunération capable de provoquer ses
services, il est criminel qu'il tienne l'activité hu-

maine en servage, et qu'il puisse se doubler, se tripler, se décupler en quelques années, — se centupler même, et au delà, comme nous avons vu certains capitaux le faire à notre époque. Toute cette richesse est enlevée, par un élément qui de sa nature est inactif, aux agents actifs qui la produisent, et qui n'obtiennent pas toujours, pour l'avoir produite, un salaire capable de les faire vivre.

L'acte de justice que nos anciens rois ont souvent accompli à l'égard des traitants, maltôtiers et argentiers, seraient aujourd'hui plus que jamais utile et moralisateur, appliqué aux usuriers modernes qui ont acquis ces énormes capitaux par l'exploitation à outrance du travail des autres, par l'accaparement et la spéculation parasitique. C'est là que les ouvriers pourraient trouver sans injustice le capital libérateur, s'ils ne se laissaient duper par de fumistes politiciens que les capitalistes savent enchaîner à leurs intérêts.

Pour réprimer l'usure capitaliste, il faudrait commencer par abolir les *sociétés d'actionnaires* et organiser par *obligations* le capital mis au service du travail. Le revenu de ces obligations devrait être fixé par la loi à un taux uniforme et très peu élevé, suffisant cependant pour que les capitalistes trouvent plus d'intérêt à prêter leur argent au travail qu'à le garder au fond de leurs caisses. Pourvu que le capital soit parfaitement garanti, l'intérêt en sera toujours assez élevé.

La propriété du sol étant un capital consolidé qui ne court jamais aucun risque, il n'y aurait d'autre mesure à prendre à son égard, quand le propriétaire ne la cultive pas lui-même par son travail, que d'en déterminer le revenu, en se basant sur le capital d'achat et d'aménagement, revenu dont le taux doit être le même que celui de tous les autres capitaux mis au service du travail.

La propriété bâtie, garantie actuellement par les compagnies usurières d'assurances, peut se garantir elle-même, beaucoup mieux qu'elle ne l'est et à meilleur compte, par la mutualité, comme quelques départements de l'Est en ont déjà donné l'exemple, avec un plein succès, malgré la rivalité acharnée des compagnies. Une assurance mutuelle, étendue sur tout le territoire, ou sur une vaste circonscription territoriale, ne coûterait presque rien en comparaison de ce que celles-ci font payer leurs services. Dès lors, il serait possible de fixer les conditions du loyer de manière que le capital du propriétaire fournît un revenu proportionnel à celui que donneraient les autres capitaux.

Quant à l'argent prêté à l'industrie et au commerce, le travail peut lui donner une garantie absolue au moyen d'une solidarisation générale organisée par l'État, à laquelle prendraient part toutes les industries et tous les commerces offrant une probabilité suffisante de réussite : les capitaux seraient placés par l'intermédiaire de l'État, qui prendrait les mêmes mesures de conservation que si ces capitaux lui appartenaient à lui-même. Il n'est pas possible que l'ensemble du travail industriel et commercial d'une grande nation fasse faillite à ses obligations, surtout quand il aura été délivré de l'exploitation usuraire, de l'agiotage et de la spéculation.

Est-il besoin de dire que vous entendrez tous les bénéficiaires de l'usure et de l'exploitation s'écrier, en levant les bras vers le ciel, que ce serait la ruine de la société; que personne ne voudrait prêter ses capitaux au travail, si vous en limitiez le revenu à la stricte justice; qu'ils iraient favoriser l'industrie et le travail étrangers; que chacun est libre de prêter son argent aux conditions qui lui plaisent... — La vérité est que la liberté n'a jamais pu autoriser le fort à asservir et à exploiter le faible, parce qu'elle est le respect du droit. Pourquoi ne prétendrait-on pas aussi que le fort est libre de faire de son semblable un esclave, quand il l'a mis dans l'impossibilité de vivre s'il n'accepte la servitude ? Quant à l'émigration des capitaux, les Conventionnels de 93 n'auraient pas été embarrassés pour trouver le moyen de l'arrêter. Ils ne connaissaient pas d'ailleurs le cosmopolitisme financier qui n'a pas de patrie ; mais, s'ils l'avaient connu, ils n'auraient pas hésité à lui couper la gorge. Une fois que les capitaux ne pourront plus passer à l'étranger, l'intérêt suffira, même réduit à la justice, pour les décider à contribuer au travail.

Si les privilégiés persistent à vouloir s'enrichir perpétuellement du travail et de la misère des autres, il faudra bien que les choses finissent par une catastrophe. Que, dans la lutte du prolétariat contre l'exploitation, le travail soit arrêté par la grève des capitaux ou par la grève générale des ouvriers, la misère aura bientôt fait de pousser la surexcitation, qui est déjà menaçante, jusqu'à la fureur ; et alors commencera l'ère des terribles violences par lesquelles s'accomplissent dans la société les arrêts de la justice immanente. C'est au milieu du déchaînement des colères et des

vengeances que se fera avec brutalité la révision
de ces scandaleuses fortunes, amoncelées par les
diverses formes de l'usure moderne. Malheureusement, il n'est pas à espérer que les partisans de
la *restitution*, une fois lancés à l'assaut de la puissance capitaliste, s'arrêtent avec respect devant la
propriété légitime, amassée par le travail. Les gouvernants, d'ailleurs, prennent soin d'exciter les appétits malsains, sans les satisfaire, en faisant miroiter devant eux les millions problématiques des
associations religieuses. La bourgeoisie sectaire,
qui convie les ouvriers à prendre le bien de ceux
qu'elle déteste, et qui légalise la spoliation, apprend aux futurs révolutionnaires comment on
fait servir les lois à l'injustice. Devenus les maîtres
à leur tour, ils ne manqueront pas de faire, suivant la même morale, de *justes lois de restitution*
pour s'emparer de la fortune bourgeoise. Si les
maîtres d'aujourd'hui veulent résister, les nouveaux révolutionnaires pourront s'autoriser de
l'exemple des *ancêtres*, et employer à l'égard de
la bourgeoisie les procédés par lesquels celle-ci a
vaincu la résistance de la noblesse et du clergé
en 93. Les violences qui accompagneront la *Révolution sociale*, formeront avec elle un *bloc* qui

trouvera des admirateurs et des panégyristes, comme la Révolution de 93 en a trouvé.

A quels titres l'aristocratie bourgeoise, qui exploite la France depuis un siècle, pourrait-elle prétendre à la pitié, si la justice immanente se levait un jour contre elle ? A-t-elle eu pitié de la noblesse, du clergé et des paysans dont elle faisait couler à flots le sang sur les échafauds de 93 qui couvraient la France ? A-t-elle eu pitié des ouvriers qui lui avaient conquis le pouvoir, lorsqu'elle les faisait fusiller dans les rues de Paris, de Lyon et de Grenoble, pour lui avoir contesté le droit de les affamer ou de les asservir ? Quels droits a-t-elle respectés quand ils gênaient ses intérêts ? Elle a trahi la liberté reconquise par le peuple, en la livrant à des monarques d'abord, et en la vendant de nos jours à la ploutocratie. Elle a tout avili, tout corrompu, tout dégradé. Les Arméniens et les Grecs ont été massacrés par centaines de mille ; elle n'avait qu'un mot à dire pour arrêter le carnage, et elle ne l'a pas dit. Elle voit aujourd'hui d'un œil desséché la lutte sublime du peuple boër qu'on égorge, et elle met sa main dans la main du bourreau. Si elle subissait un jour le châtiment de son égoïsme impitoyable, aurait-elle mérité qu'on versât des larmes sur son sort? On évalue à près de cent mille le nombre des malheureux que l'exploitation capitaliste fait mourir prématurément chaque année en France par le manque des soins essentiels. Quel Thésée nous délivrera de ce Minotaure?

TABLE DES MATIÈRES

—

		Pages
I.	Le droit de vivre	9
II.	Le droit de pouvoir travailler pour vivre	21
III.	Envahissement du paupérisme	31
IV.	La protection du travail	45
V.	Répression de l'usure capitaliste	55
VI.	Comment les prolétaires ont été émancipés	67
VII.	Réforme ou Révolution	79

———

———

9 782019 711917